Joyeux Anniversaire

LIVRE D'OR

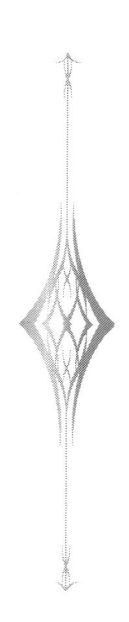

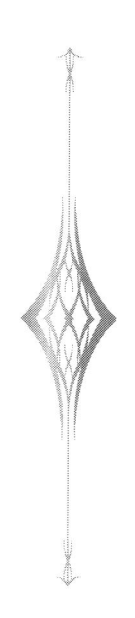

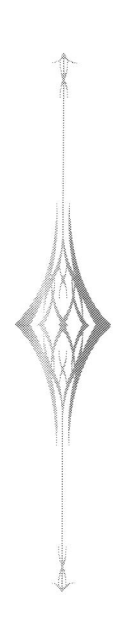

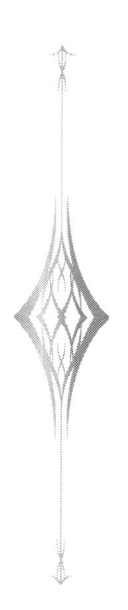

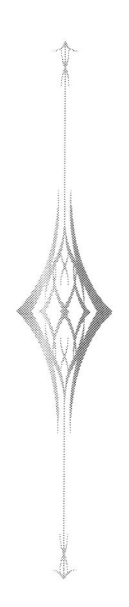

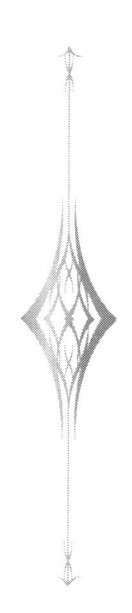

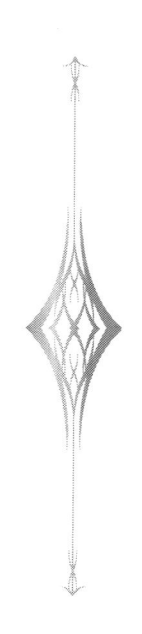

Printed in Poland
by Amazon Fulfillment
Poland Sp. z o.o., Wrocław
24 January 2024

133575e7-b6ab-41ef-a206-eb0e8d79c1d0R01